Jutta Preisinger

Konfliktbearbeitung durch Mediation - Täter-Opfer-Ausgleich

Jutta Preisinger

Konfliktbearbeitung durch Mediation - Täter-Opfer-Ausgleich

GRIN Verlag

Bibliografische Information der Deutschen Nationalbibliothek: Die Deutsche Bibliothek
verzeichnet diese Publikation in der Deutschen Nationalbibliografie; detaillierte bibliografische Daten sind im Internet über http://dnb.d-nb.de/ abrufbar.

1. Auflage 2005
Copyright © 2005 GRIN Verlag
http://www.grin.com/
Druck und Bindung: Books on Demand GmbH, Norderstedt Germany
ISBN 978-3-656-99586-9

Katholische Stiftungsfachhochschule München

Lehrveranstaltung:

Konfliktbearbeitung durch Mediation

Hausarbeit

Täter-Opfer-Ausgleich

verfaßt von:

Jutta Preisinger

Inhaltsverzeichnis

1. Was bedeutet Täter-Opfer-Ausgleich?

Täter-Opfer-Ausgleich (TOA) bietet für Opfer und Täter Gelegenheit, außergerichtlich unter Beteiligung eines unparteiischen Dritten, eine befriedende Regelung von Konflikten herbeizuführen (win-win-Lösung). Den TOA können Staatsanwalt, Richter oder die Parteien selbst anregen (Statistik des Bundesministeriums der Justiz: 2002 79,6% durch Staatsanwaltschaft). Gesetzlich ist die Einleitung eines Täter-Opfer-Ausgleichs im Vor-, Zwischen- und Hauptverfahren möglich (ebd. 2002: 82,3% im Vorverfahren). Durchgeführt werden kann der TOA durch Soziale Dienste der Justiz/Gerichtshilfen, Jugendämter und freie Träger (2002:78%). Seit 1993 ist die Zahl der TOA-Fälle in Deutschland von 1238 auf 4466 gestiegen. Zur Deliktstruktur siehe **Folie Anhang 1.**

2. Vorgehensweise im Täter-Opfer-Ausgleich (vgl. Folie Anhang 2)

Erhalt der Fälle:

* durch Auftrag der Staatsanwaltschaft, auf Initiative des jeweiligen Staatsanwalts
* durch Auftrag des Richters, nach Verfassung einer Anklageschrift und einvernehmlicher Einigung über Eignung des Falls (→Zustimmung der Staatsanwaltschaft)
* Selbstmelder: Täter/Geschädigte, können sich direkt bei der Fachstelle für TOA mit der Bitte melden, in einem strafrechtlich relevanten Konflikt zu vermitteln

Anschreiben und Erstgespräch mit dem Täter:

* Vorstellung der Arbeit der Fachstelle vs. justiziellen Umgang mit dem Vorfall
* Klarstellung, dass Verantwortung übernommen muss
* Abklärung d. Bereitschaft zur Teilnahme u. welche Vorstellungen mit einem Ausgleich verknüpft werden.

I.d.R. wird der Täter zuerst angeschrieben um das Opfer bei Ablehnung eines TOA seitens des Täters davor zu bewahren erneut mit Zurückweisung/Verletzung konfrontiert zu werden. Bei Gewalt im sozialen Nahbereich wird zuerst das Opfer kontaktiert um zu vermeiden, dass es vom Täter unter Druck gesetzt werden

könnte. Besteht der Verdacht der Traumatisierung sollte ein TOA nur durch indirekte Vertretung durchgeführt werden.

Anschreiben und Erstgespräch mit dem Geschädigten:
- Darstellung der Fachstelle für TOA
- Betonung des Angebotscharakters der Maßnahme
- Klarstellung, dass es sich um eine Maßnahme handelt, die die Geschädigten-interessen mindestens gleichermaßen berücksichtigt = Allparteilichkeit
- Abklärung d.Bereitschaft zur Teilnahme u. welche Vorstellungen mit einem Ausgleich verknüpft werden

Gemeinsames Gespräch:
- Aufarbeitung der unterschiedlichen Sichtweisen des Vorfalles;
- Aufarbeitung der emotionalen Situation bei Geschädigtem und Täter;
- Klärung der materiellen Ansprüche;
- Vereinbarung über die konkrete Wiedergutmachung.

Exkurs:
Zu Statistischen Daten bzgl. Ausgleichsbemühungen siehe Folie Anhang 3
Der größte Teil der Beschuldigten und Geschädigten, die einen Ausgleichsversuch unternehmen, schließen diesen auch mit einer vollständigen oder teilweisen Regelung ab.

Zu den statistischen Daten bzgl. Ausgleichsvereinbarung siehe Folie Anhang 4
Besonders Entschuldigungen, die wohl immer mit einem TOA in der einen oder anderen Form verbunden sein dürften, treten häufig in Kombination mit anderen Leistungen auf. Neben der Entschuldigung dominieren Schadensersatz- und Schmerzensgeldleistungen.

Kontrolle der Wiedergutmachungsleistungen:

durch den Vermittler z.B. durch Überwachung der Rateneingänge auf dem Opferfonds-Konto oder Abfrage beim Geschädigten, wie und ob die Wiedergutmachung erfolgt ist.

Rückmeldung an die Justiz:

Dem Richter bzw. dem Staatsanwalt werden in einem kurzen Bericht die einzelnen Statio-nen des Ausgleichs dargelegt, die Wiedergutmachungsleistung und deren Einhaltung ge-nannt und die Position des Geschädigten bezüglich einer Verfahrenseinstellung übermittelt.

<u>Entscheidung durch den Richter bzw. Staatsanwalt</u>

Richter oder Staatsanwalt entscheiden, ob das Verfahren eingestellt, bzw. in welchem Maße die Leistungen des Täters strafmildernd berücksichtigt werden können.

3. Voraussetzungen für den Täter-Opfer-Ausgleich

Für die Durchführung eines Ausgleichs müssen folgende Kriterien bei der Zuweisung durch die Justiz erfüllt sein:

- Der Sachverhalt muss von beiden Konfliktparteien geklärt sein, d.h. die Beteiligten haben eingeräumt, in einem Konfliktgeschehen involviert zu sein.
- Die Teilnahme an den Ausgleich muss sowohl für das Opfer als auch für den Täter freiwillig sein.
- Das Opfer muss eine natürliche Person sein, keine Firma, Organisation o.ä.
- Die Straftat kann zu den leichten und minder schweren Fällen gerechnet werden d.h. sie ist mit keiner höheren Freiheitsstrafe als bis zu einem Jahr und keiner höheren Geldstrafe als bis zu 360 Tagessätzen bedroht.

4. Vorstellung der „Brücke e.V."

4.1. Lage, Personal

Die Brücke München hat ihre Räume in der Peißenbergerstr. 29, nahe Wettersteinplatz. Dort arbeiten jeweils drei männliche und weibliche Mitarbeiter, davon zwei in Vollzeit und einer in Teilzeit. Im Fall von Paarkonflikten wird im sog. „gemischten Doppel" gearbeitet, d.h. mit je einem männlichen und weiblichen Mediator. Eine Mitarbeiterin ist Juristin, alle anderen sind Diplom-Sozialpädagogen/innen mit der Zusatzausbildung zum Mediator/in. Ihre Fälle werden ihnen vom Landgericht München I, mit dem sie eine sehr gute Zusammenarbeit haben, zugewiesen.

4.2. Gründung und Entwicklung

Aus der im Herbst 1973 gegründeten Initiative "Zeitungsabonnement für Gefangene" entstand ein Jahr später der Verein Brücke e.V. - Verein für Straffälligenhilfe. Aus den Erfahrungen in diesem Bereich entwickelte der Verein

.

den Gedanken, in einem Modellversuch für jugendliche und heranwachsende Straftäter Alternativen zur herkömmlichen Sanktionspraxis (Jugendarrest) zu erproben. Jugendgerichte, Jugendstaatsanwaltschaft und Jugendgerichtshilfe zeigten großes Interesse an diesem Vorhaben.

4.3. Arbeitsbereiche

4.3.1 TOA bei Jugendlichen

Aus all den Erfahrungen entwickelte 1987 die Brücke in Zusammenarbeit mit der Jugendstaatsanwaltschaft und dem Stadtjugendamt den TOA als Modellprojekt. Das Projekt wurde vom Bayerischen Staatsministerium für Arbeit, Familie und Sozialordnung sowie von der Bayerische Landesstiftung gefördert und fand bei der Kriminalpolitik und der Wissenschaft eine breite und grundsätzliche Akzeptanz. Die Erfolge des Projekts waren so groß, dass der TOA 1990 nach der gesetzlichen Verankerung im JGG als eigenständiges Arbeitsgebiet von der Brücke weiter geführt und weiter entwickelt wurde.

4.3.2 TOA bei Erwachsenen

Am 1.12.1994, mit der Einführung des § 46 a im Strafgesetzbuch konnte der TOA auch im Erwachsenen-Bereich angeboten werden. Der § 46 a besagt, daß nach erbrachten Schadenswiedergutmachungsleistungen oder nach erfolgtem Täter-Opfer-Ausgleich Strafmilderung oder Straferlass erfolgen kann.

Am 20.12.1999 trat das "Gesetz zur strafverfahrensrechtlichen Verankerung des TOA" in Kraft, das den § 153a StPO der die Überschrift "keine öffentliche Klage bei Erfüllung von Auflagen und Weisungen" trägt, um eine weitere Möglichkeit der Weisungen bzw. Auflage erweitert hat.

Im Jahre 2004 bearbeitete die Brücke 365 Fälle im Erwachsenenbereich – davon wurden 177 Fälle (61,6%) positiv abgeschlossen. Bei 87 Fällen (23,8 %) ist der TOA gescheitert, bei den restlichen Fällen kam es nicht zu einem Ausgleich, weil er von Opfer und/oder Täter abgelehnt wurde bzw. eine Beteiligung an der Tat verweigert wurde. Überwiegend handelt es sich um Fälle von häuslicher Gewalt.

4.4. Methoden

Beim Täter-Opfer-Ausgleich wenden die MediatorInnen verschiedene Methoden an:

· *Aktives Zuhören*: Einfühlsames Zuhören, bei der der Mediator zu verstehen versucht, was ein Beteiligter fühlt und zum Ausdruck bringen möchte.

· *Spiegeln*: Äußerungen der Konfliktparteien werden vom Mediator wiederholt, um sie auf die Sachebene zu bringen und ihre Richtigkeit zu prüfen.

· *Doppeln*: Bei Schwierigkeiten eines Beteiligten in der Kommunikation, stellt sich der Mediator hinter ihn und doppelt ihn d.h. er spricht in der 1. Person für ihn.

· *Perspektivwechsel*: Die Konfliktparteien werden aufgefordert, sich in die Rolle des anderen hineinzuversetzen und werden gebeten, ihre Sitzplätze zu wechseln.

· *Reframing*: Negative Äußerungen der Beteiligten werden positiv umformuliert und dadurch zu neutralen, annehmbaren Sätzen umgestaltet.

· *Kollegiale Praxisberatung* vor den Beteiligten.

5. Vorteile eines TOA gegenüber anderen Verfahrensformen?

Opfer von Straftaten können im Rahmen eines TOA's
- reden, fragen, ihren Ärger kundtun, ihre Ängste ansprechen
- ihrem Interesse an Wiedergutmachung und Schadensersatz Ausdruck verleihen
- die Tat aufarbeiten um ihre Kontroll- und Handlungsfähigkeit zurückzugewinnen

Täter haben die Möglichkeit
- Einsicht in begangenes Unrecht durch Wiedergutmachungsleistungen und Entschuldigung zum Ausdruck zu bringen
- sich den Konsequenzen der Handlung zu stellen und zur Bereinigung beizutragen
- in der persönlichen Begegnung mit dem Opfer nicht Abwehr gegenüber Bestrafung mobilisieren zu müssen (wie im Prozess) sondern im Verlauf der Auseinandersetzung Verantwortung zu übernehmen

Möglicherweise beeinflusst diese Erfahrung zukünftiges Verhalten des Täters. Außerdem hat ein erfolgreich verlaufener TOA möglicherweise Einfluss auf das weitere Verfahren (Strafmilderung / Verfahrenseinstellung).

Für die **Gesellschaft** bedeutet die Durchführung eines TOA
- ein adäquates Mittel zur Konfliktlösung
- Entlastung der stark be- bzw. überlasteten Gerichte.
- Vorteile des TOA gegenüber anderen Verfahrensformen: zeitnah, die Zukunft stärker einbeziehend, ist im Ergebnis billiger und schneller
- erhebliche Einsparungen in den klassischen Justizbereichen
- positive Beeinflussung der Zufriedenheit der Bevölkerung über den aktuellen Zustand des Rechtsfriedens und der inneren Sicherheit
- dass die Opferbelange größere Beachtung erhalten

6. Resumée eines persönlichen Interviews mit einer Mitarbeiterin der Brücke

Als größte Herausforderung sieht Frau E. die persönliche Abgrenzung, d.h. die Verstrickung in ein System. Als MediatorIn darf man sich durch die Schwere eines Falls nicht in der Handlungsfähigkeit beeinflussen lassen bzw. muss vermieden werden, die Handlungsunfähigkeit des Opfers selbst zu übernehmen. Möglichkeiten, dem entgegen zu steuern sind Fallsupervision, kollegiale Beratung und bei besonders schwierigen Fällen und in Paarkonflikten die Durchführung der Mediation im „gemischten Doppel" um beiden Mediatorenkollegen die Möglichkeit zu geben, sich immer wieder „herauszunehmen" um sich nicht zu sehr zu verstricken

Als die schwierigsten Fälle hat Frau E. die Nachbarschaftskonflikte beschrieben. Es sind meist mehrere Vorgespräche nötig, um herauszufinden, ob der Konflikt wirklich im „stinkenden Hasenstall" oder vielleicht doch ganz woanders zu suchen ist.

Ihre Vermutung ist die, dass hier

- „verfestigte Feindbilder" entstanden sind
- selten oder noch nie persönliche, emotionale Beziehungen geherrscht haben und daher ein Streit leichter „durchzuhalten" ist
- der nach außen getragene Konflikt von eigenen, inneren ablenkt
- die Bereitschaft zur persönlichen Veränderung meist gänzlich fehlt.

7. Literaturverzeichnis

Albrecht, Peter-Alexis 1993: Jugendstrafrecht. 2. Auflage München.

Brücke München, 2003: Prävention, Mediation, Sanktion – Die Konzeption der Brücke München, Regensburg

Brücke e.V.: Jahresbericht 2004

Gastiger, 2002: Gesetzestexte für Sozialarbeit und Sozialpädagogik - Strafgesetzbuch

Haft, Prof. Dr. Frithjof (Hrsg.) 2002 : Handbuch Mediation, München. S. 1255-1274

Hering, Rainer-Dieter / Rössner, Dieter (Hrsg.)1993: Täter-Opfer-Ausgleich im allgemeinen Strafrecht. Bonn

Kerner, Hans-Jürgen; Hartmann, Arthur 2005: Täter-Opfer-Ausgleich in der Entwicklung Auswertung der bundesweiten Täter-Opfer-Ausgleichs-Statistik für den Zehnjahreszeitraum 1993 bis 2002 ; Hrsg.: Bundesministerium der Justiz, Berlin

Ostendorf, Heribert 2004: Das Jugendstrafverfahren. Köln, Berlin, 3. Auflage

Persönliches Interview mit einer Mitarbeiterin, Sozialpädagogin der Brücke, Abt.TOA

Schreckling, Jürgen 2000: TOA nach Jugendstraftaten in Köln. Bonn, 2. Auflage

Internetquellen:

www.bruecke-muenchen.de, **22.04.05**

www.toa-servicebuero.de/index.php?id=167, **20.04.05**

www.bmev.de/www/index.php?cat=29&page=-1, **20.04.05**

9. Anhang

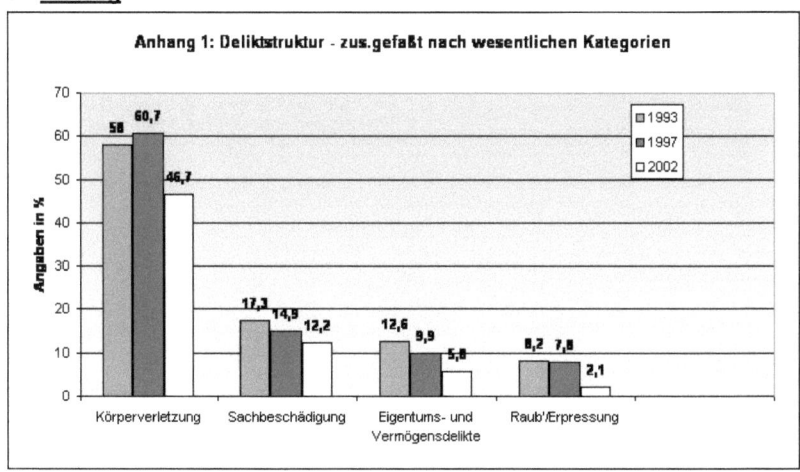

Anhang 1: Deliktstruktur - zus.gefaßt nach wesentlichen Kategorien

Anhang 2

Vorgehensweise beim TOA

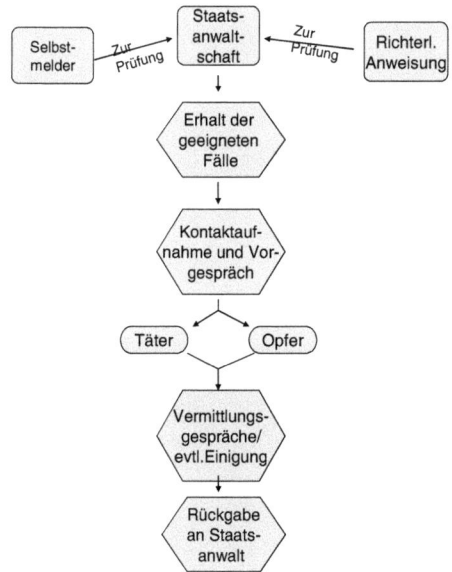

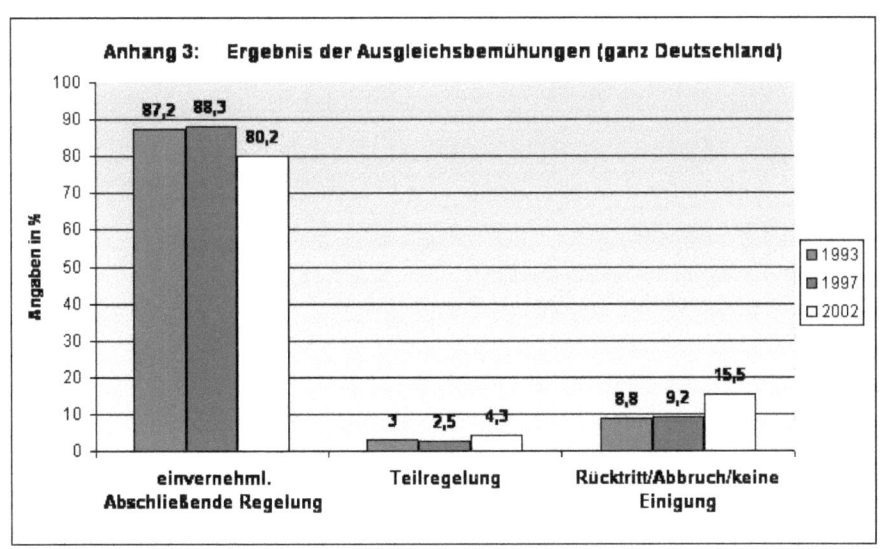

Anhang 3: Ergebnis der Ausgleichsbemühungen (ganz Deutschland)

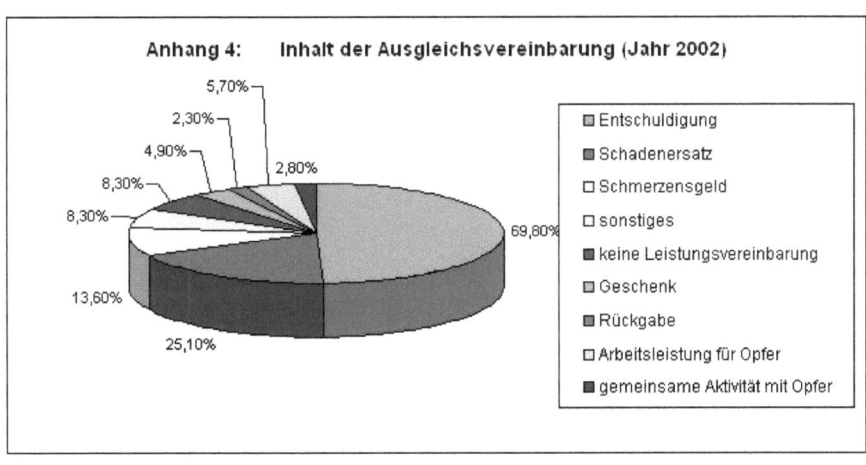

Anhang 4: Inhalt der Ausgleichsvereinbarung (Jahr 2002)